AF590148

PETITE ALLOCUTION

PRONONCÉE

A LA PREMIÈRE MESSE

DE M. L'ABBÉ PAUL BOYER

Dans l'église de Saint-Porchère, à Poitiers

LE 20 DÉCEMBRE 1868

PAR M. L'ABBÉ EUGÈNE BOYER

PETITE ALLOCUTION

DE M. L'ABBÉ EUGÈNE BOYER

A LA PREMIÈRE MESSE

DE M. L'ABBÉ PAUL BOYER

Introibo ad altare Dei.
Je m'approcherai de l'autel du Seigneur.
(*Ps.* XLII, 4.)

Ces paroles, mon bien cher frère, qui viennent de s'échapper tout à l'heure de vos lèvres tremblantes, il y a longtemps déjà que vous les prononciez dans le recueillement et le silence de votre âme. A l'exemple du jeune Samuel, vous commençâtes dès l'enfance à servir Dieu dans son saint temple ; comme lui vous entendîtes la voix du Très-Haut, et vous vous empressâtes de répondre : « Seigneur, me voici, car vous m'avez appelé [1] ». Et ce Dieu de miséricorde qui voulait vous élever à la dignité de son auguste

[1] I Rois, III, 6, 9.

sacerdoce, vous fit entrevoir de loin l'autel du Sacrifice en vous invitant à en gravir les degrés, et, dans une joie mêlée d'étonnement et de reconnaissance, vous répondîtes : Oui, Seigneur, je veux monter un jour à votre saint autel. Et dès lors cette pensée ne vous quitta plus ; elle fut le doux parfum qui embauma votre carrière cléricale, le solide encouragement qui vous soutint dans vos travaux, la lumière qui éclaira vos pas, l'espérance qui charma les jours de votre longue attente. Et à mesure qu'approchait l'époque fortunée, vous aimiez à redire, plus fréquemment encore, comme un suave refrain d'allégresse et d'amour : Bientôt je m'approcherai de l'autel du Seigneur, *introibo ad altare Dei.*

Il s'est enfin levé ce beau jour de votre sacerdoce ; hier nous avons vu briller sa radieuse aurore, et nous jouissons en ce moment de sa pleine lumière. Dieu soit béni ! car c'est son œuvre : *Hæc dies quam fecit Dominus ;* réjouissons-nous et tressaillons de joie, *exultemus et lætemur in ea*[1].

[1] Ps. CXVII, 24.

C'en est fait, mon bien cher frère ; « vous êtes prêtre pour l'éternité ! » et, tout à l'heure, en abordant le saint autel vous lui avez donné, en signe d'une éternelle alliance, un baiser plein de respect et d'amour.

Tout est prêt pour le sacrifice : le pain et le vin sont là ; ils n'attendent qu'une parole pour faire place au corps et au sang de Jésus-Christ ; le ciel entier s'incline, les anges environnent l'autel et se disent entre eux : « Qui donc montera sur la Montagne du Seigneur, ou qui se tiendra debout en sa présence ? » *Quis ascendet in montem Domini, aut quis stabit in loco sancto ejus*[1] *?* — Ce sera vous, ô mon frère ; vous dont le cœur est pur et dont les mains sont consacrées... Venez donc, ô prêtre du Seigneur ! venez sur la sainte Montagne à la fois Thabor et Calvaire : Thabor, car vous y trouverez « le Dieu qui réjouit votre jeunesse » ; vous le toucherez de vos mains, vous le contemplerez de vos yeux, sous d'humbles apparences, sans doute ; mais votre foi, perçant les voiles, le verra

[1] Ps. XXIII, 3.

dans sa gloire, et vous vous écrierez avec l'Apôtre : « Seigneur, il fait bon être ici[1] ! » Calvaire, car le Dieu Sauveur s'y trouve à l'état de victime, s'offrant par nos mains en sacrifice à son Père, s'immolant, comme sur la croix, pour le salut du monde, et nous apprenant à nous sacrifier nous-mêmes pour sa plus grande gloire et le salut des âmes.

Vous allez donc offrir ce très-saint Sacrifice de l'Agneau sans tache, et je ne vous demande pas pour qui ; l'Eglise vous l'a dit hier par la bouche du pontife : c'est pour les vivants et pour les morts, *tam pro vivis quam pro defunctis.* Non, vous n'oublierez personne en ce jour solennel ; présents ou absents, vivants ou morts, tous sont unis dans votre cœur ; vous prierez donc pour tous. Vous prierez en particulier pour la conversion des pécheurs, pour le triomphe de la sainte Eglise notre mère, pour son auguste chef, Pie IX, notre saint et généreux pontife ; vous prierez pour celui qui vous a conféré l'onction sainte, votre Evêque, ange vigilant de ce vaste

[1] Luc, IX, 33.

diocèse, digne successeur du grand Hilaire, héritier de sa science et de ses mâles vertus ; vous prierez pour cette paroisse dont vous êtes membre, pour son digne et zélé Pasteur ; vous prierez pour cette assemblée de frères qui forme autour de vous comme une couronne d'affection et d'honneur. Je ne parle pas des intentions plus intimes ; c'est le secret de votre cœur, et je me repose pleinement sur lui.

Mais ce n'est pas aujourd'hui seulement que vous monterez au saint autel, c'est tous les jours de votre vie ; vous y reviendrez chaque matin, et chaque soir vous direz : Demain, encore demain je m'approcherai de l'autel du Seigneur, *introibo ad altare Dei.* Aujourd'hui c'est votre premier pas dans cette voie royale, et moi je la parcours depuis plus de onze ans. Et si déjà vous sentez le besoin de rendre grâces au Seigneur, quelle ne doit pas être l'étendue de ma reconnaissance au terme où je suis arrivé ! Vous dirai-je, ô mon frère, combien de fois j'ai célébré le divin Sacrifice? vous dirai-je de combien d'anneaux se compose cette chaîne mystérieuse et sacrée qui me rattache au beau jour de mon ordination? Je les ai comptés, et, quoique souvent interrompus ou brisés, leur nombre s'élève à 2,695 ! Quelle effrayante responsabilité ! quelle dette immense j'ai déjà contractée ! Laissez-moi donc unir ma faible voix à la vôtre, et, profondément pénétrés de notre misère et de notre impuissance, demandons au Seigneur ce que nous pourrons lui rendre pour les insignes bienfaits dont il nous a comblés : *Quid retribuam Domino pro omnibus quœ retribuit mihi*[1]? Hélas ! nous n'avons rien qui soit digne de Lui ! et posséderions-nous tous les mondes, n'est-ce pas Lui qui les a créés ? ne sont-ils pas en sa présence comme les grains de sable au bord de l'Océan ? Le ciel est son royaume, les esprits bienheureux qui l'habitent fléchissent le genoux devant sa majesté suprême, les séraphins se voilent de leurs ailes, et tous les chœurs angéliques ne savent que balbutier l'éternel *hosanna*[2]. O Dieu ! que vous rendrai-je, moi, pauvre créature humaine, si faible, si bornée, si pauvre, et que vous avez comblée de tant et de si grands bienfaits !

[1] Ps. CXV, 12.
[2] Apoc., IV, 8.

Quid retribuam...? Mais voici que du trône même de l'Agneau une voix se fait entendre : « Venez, nous dit-elle, approchez ; je veux vous donner de quoi me payer avec surabondance ; prenez mon Calice et rendez-moi grâces ». — Eh quoi ! Seigneur, je voudrais m'acquitter envers vous, et vous m'offrez de nouveaux bienfaits ! Je voudrais vous donner à mon tour, et vous voulez que je reçoive encore ! Ce qui fait l'objet de ma reconnaissance vous m'invitez à le prendre de nouveau ! Mais n'est-ce point accroître ma dette au lieu de l'amoindrir ? — « Ah ! répond ce tendre Père, n'êtes-vous pas de ceux que je n'appelle plus mes serviteurs, mais mes amis ? N'est-ce pas à vous que j'ai révélé tous les secrets de mon cœur ? à vous que j'ai donné tout ce que j'ai reçu de mon Père, et que je me suis donné moi-même [1] ? Qu'avez-vous à craindre ? Est-ce que tout ne vous appartient pas [2] ? Est-ce que mon Calice n'est pas aussi le vôtre ? Prenez-le donc et rendez-moi grâces ». — O Dieu qui êtes notre Père, notre ami, notre frère ! ô Dieu qui

[1] Jean, XV, 15 *et passim*.
[2] I Cor., III, 22.

voulez que notre action de grâces consiste à recevoir encore vos dons ! je me rends à votre invitation généreuse et pressante ; oui, je le prendrai ce Calice que le Roi-prophète, entrevoyant à mille ans de distance, trouvait si enivrant et si beau ! Je le prendrai ce Calice qui fait germer les vierges [1], ce Calice du salut, je le prendrai tous les jours de ma vie : *Calicem salutaris accipiam, et nomen Domini invocabo* [2] *!* O vie du prêtre, que vous êtes belle et précieuse ! Je l'ai dit : votre sentier mène au Calvaire, mais il mène aussi au Thabor. « Oui, s'écriait un prince de l'Eglise, tous nos jours sont des fêtes, notre vie tout entière est une perpétuelle solennité [3] ! »

Et cependant, mon bien cher frère, ne craignons pas de passer du Thabor au Calvaire, et surtout ne nous en plaignons pas, car nous trouverons partout les traces du Sauveur, partout nous jouirons de son auguste présence, partout et toujours il se donnera à nous.

[1] Ps. XXII, 5. — Zach., IX, 17.
[2] Ps. CXV, 13.
[3] Le cardinal Giraud.

Mais puisque je vous ai devancé dans cette double voie, j'ai le droit de vous parler de ses amertumes comme de ses douceurs. Onze ans ! c'est déjà long dans une vie humaine, surtout quand elle est traversée par de rudes épreuves. Dans le champ du céleste « Agriculteur », mes frères continuent de jeter la semence, et moi je reste assis près d'un sillon vide ! Me relèverai-je un jour? Nous sera-t-il donné d'associer nos travaux? Seigneur, vous le savez, et c'est à vous que je confie ce vœu, l'un des plus chers de mon cœur !

Quoi qu'il arrive, mon bien cher frère, je devrai, selon l'ordre de la nature, toucher le but avant vous; eh bien ! puisque je vous assiste à votre premier Sacrifice, je souhaite que vous m'assistiez à mon dernier. Puissé-je de nouveau me retrouver à vos côtés quand le Dieu rémunérateur déposera sur votre tête la couronne des élus! Et comme ici-bas nous nous approchons ensemble du même autel, ah ! puissions-nous nous approcher au ciel du trône de « l'Agneau immolé [1]»,

[1] Apoc., v, 6.

pour y chanter éternellement les miséricordes du Seigneur : *Misericordias Domini in æternum cantabo*[1] !

[1] Ps. LXXXVIII, 2.

Bar. — Typ. L. GUÉRIN et Ce.

BIBLIOTHEQUE NATIONALE DE FRANCE
3 7502 00987636 0

www.ingramcontent.com/pod-product-compliance
Ingram Content Group UK Ltd.
Pitfield, Milton Keynes, MK11 3LW, UK
UKHW012134240726
13965UKWH00005B/2168

9 782013 258869